추천의 말

올해부터 전국 모든 초등학교에 순차적으로 적용되고 있는 2022 개정 교육과정의 핵심 키워드는 '주도성'입니다. 한 치 앞도 예측할 수 없는 불확실한 미래 사회를 대비하기 위해, 기초 기본기를 바탕으로 유연함을 가지고 미래를 개척하는 역량을 키우는 것이 무엇보다 중요합니다. 이런 주도성을 위해서 초등 저학년 학생에게 가장 중요한 것은 스스로 내 생활을 챙기는 것이라고 생각합니다. '혼자서도 잘할 거야!'는 집에서 먹고, 씻는 일부터, 공중도덕, 대화, 생활 안전까지 – 초등 저학년이 스스로 챙겨야 할 모든 내용을 현직 초등학교 선생님의 시선으로 친절한 만화와 함께 안내하고 있습니다. 초임 교사 때부터 따뜻한 시선으로 항상 아이들과 함께한 조혜령 선생님의 '혼자서도 잘할 거야!'를 마음을 다해 추천합니다.

— **김차명**(참쌤스쿨 대표, 경기실천교육교사모임 회장, (전)경기도교육청 장학사)

생애 첫 학교, 유치원에서는 어린이들의 더욱 건강하고 안전한 생활을 위하여 '기본생활습관'을 지도합니다. 놀이 중심 교육과정을 실천하는 유치원에서는 기본생활습관 또한 쉽고 재미있게 익힐 수 있도록 놀이를 통해 교육합니다. 유아들도 좋아할 따뜻하고 부드러운 그림과 재미있는 퀴즈를 통해 바른 생활 습관을 풀어내는 이 책은 누구나 경험할 수 있는 일상에 자연스럽게 녹아든 퀴즈와 등장인물들의 대화를 통해 바른 생활 습관의 중요성을 어렵지 않게 알려줍니다. 여기에서 끝나지 않고 스티커를 붙여 그림을 완성하며 바른 생활 습관을 연습하는 과정은 이 책의 매력을 한 스푼 더해줍니다.

유치원 졸업을 앞둔 보호자의 가장 큰 걱정은 '우리 아이가 초등학교에 가서 스스로 잘할 수 있을까?'입니다. 현직 초등교사인 작가님이 알려주는 바른 생활 습관은 초등 입학을 앞둔 어린이와 보호자에게 걱정을 덜어주는 백과사전이자 바른 생활 습관을 연습하는 길잡이가 되어줄 것입니다.

— **홍진선**(부천 자연유치원 교사, 놀자연구소 연구원)

혼자서도 씩씩하게! 자립심 강한 어린이로 클 수 있는 최고의 지름길을 알려주는 도서!

– 이다은(부산 모산초등학교 교사)

"왜요?" 어린이들의 궁금증을 해결해주는 책

어린이들은 아무것도 모르지 않습니다. 때로는 어른들만큼 논리적입니다. 어린이들은 자신이 해야 하는, 또는 해서는 안 되는 일에 대한 이유를 궁금해 합니다. "혼자서도 잘할 거야!" 책은 그러한 어린이들의 궁금증을 밝혀 주는 등불이 되어줄 것입니다.

이 책은 사랑스러운 어린이 주인공들이 일상 속에서 지켜야 할 일들을 배워나가는 과정을 그리고 있습니다. 그 과정에서 어린이들은 기본생활습관을 내재하며 성장합니다. 이 책은 우리 어린이들의 건강한 생활 습관 형성에 좋은 동반자가 되어줄 것이라고 확신합니다.

– 이강산(서천 오성초등학교 교사)

"혼자서도 잘할 거야!"는 어린이들이 스스로 할 수 있는 힘을 길러주는 그림책입니다. 이 책은 2022년 개정 교육과정의 핵심 가치인 "주도성"을 잘 드러내며, 아이들이 자신의 일을 스스로 해결하는 습관을 자연스럽게 익힐 수 있도록 도와줍니다. 바른 행동을 배우고, 일상 속에서 자신의 역할을 발견하는 과정을 깔끔하고 귀여운 글과 그림으로 풀어내어 아이들뿐만 아니라 어른들에게도 큰 감동을 줍니다. 이 그림책은 단순한 이야기를 넘어 아이들이 흔히 겪는 문제 상황 속에서 자신감을 갖고 도전할 수 있는 용기를 심어주는 멋진 친구입니다. 어린이들이 스스로 자립심을 키우는 데 이보다 더 좋은 책이 있을까요? 혼자 힘으로도 할 수 있다는 믿음을 주는 이 책을 부모님들과 선생님, 그리고 초등학교 학생들에게 추천합니다.

– 김희엽(여수한려초등학교 교사)

작가의 말

"왜 안 자고 있니?"
"양치는 했어?"
"숙제는 다 했니?"

계속되는 엄마 아빠의 잔소리!
흥, 나도 혼자서 잘할 수 있다고~
그런데 어떻게 해야 혼자서도 잘할 수 있을까?

안녕하세요, 어린이 친구들! <혼자서도 잘할 거야> 책을 집필하게 된 그림 그리는 선생님, 금손쌤이에요. 여러분은 부모님의 잔소리를 들어본 적이 있나요? 계속 따라붙는 부모님의 말씀이 조금은 귀찮기도 하고, 나 혼자서도 잘할 수 있다는 생각을 해본 적이 있나요? 이 책에는 바로 여러분처럼 스스로 잘하고 싶은 마음을 가진 친구들을 위한 이야기들이 담겨있어요. 일상생활 속에서 배우면 좋을 10가지의 생활 습관을 재미있는 만화와 함께 배울 수 있어요.

주인공인 서윤이와 도윤이, 그리고 가족들의 일상을 따라가다 보면 집 안과 집 밖이라는 우리들의 일상에서 자주 마주칠 수 있는 상황이 나와요. 집에 오면 가장 먼저 무엇을 해야 할까요? 음식은 왜 골고루 먹어야 하는 걸까요? 정리정돈을 잘 하는 방법은 무엇일까요? 어떻게 하면 친구들과 잘 지낼 수 있을까요? 이런 일상 속 문제들, 혼자서도 잘 해낼 수 있도록 이 책이 도와줄 거예요.

하루 일과를 보내다 보면 사소해 보이지만 스스로 선택하고 행동해야 할 때가 자주 찾아와요. 책 속 이야기와 만화 주인공들을 통해 우리 일상에서 흔히 발생하는 문제 상황들을 접해 볼 거예요. 재미있는 만화와 퀴즈를 보며 나는 어떻게 행동해야 할지 생각해보고, 책 뒤편의 스티커를 붙여보면서 좋은 생활 습관을 함께 고민하고 연습해보아요. 책을 읽으며 즐겁게 익히고 나면, 어린이 여러분의 생활 속 문제를 찾고 스스로 해결하는 능력과 자신감이 더욱 크게 자라 있을 거예요.

이렇게 우리는 자라날 거예요. 그리고 잘할 수 있을 거예요. 우리는 스스로 할 수 있는 힘을 가졌으니까요!

등장인물

김서윤

저는 책을 읽는 것을 좋아하는 김서윤이에요.
예쁜 색깔의 리본과 귀여운 인형을 제일 좋아해요.
친구들과 함께 작고 귀여운 것들을 꾸미고 노는 것도 좋아해요.
친구들에게 행복한 기분을 전해주고 싶어요!

차분함 ♥♥♥♥♥
꾸미기 ♥♥♥♥

이도윤

저는 밝고 씩씩한 이도윤이에요.
어떤 운동이든 자신 있어요.
특히 친구들과 피구하기, 자전거 타기와 뛰어놀기를 좋아해요.
함께 즐거운 시간을 보내요!

활발함 ★★★★★
친화력 ★★★★

이렇게 읽어요

서윤이, 도윤이도 여러분처럼 궁금한 게 많아요.
그래서 여러분의 도움이 필요해요!

이제부터 여러분은 서윤이, 도윤이와 함께
10가지 상황을 만나게 될 거예요.

각각의 상황에 맞는 대답을 생각하면서
올바른 선택을 할 수 있는 힘을 길러 보아요.
준비되었나요?

❶ **주어진 상황 속에서 알맞은 답을 고민해 보아요!**
  고민한 답이 정답과 맞는지 확인하면서 올바른 생활 습관을 배울 수 있어요.

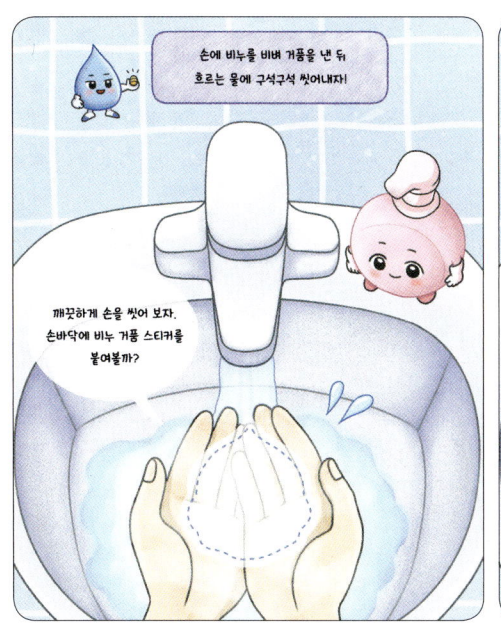 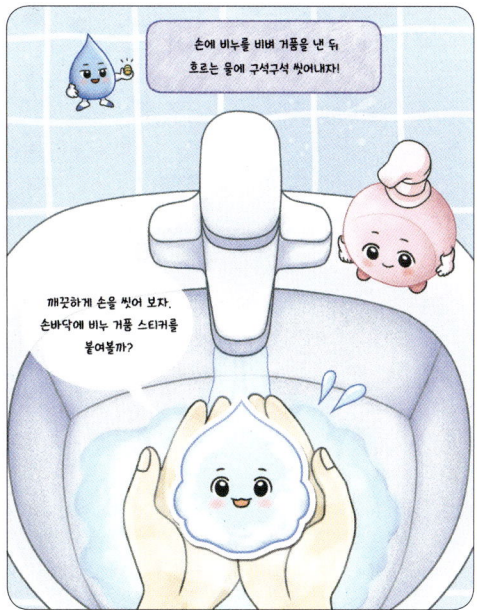

❷ 책에서 말하는 대로 스티커를 붙여 보아요!

책의 내용을 더 쉽고 재미있게 이해할 수 있고 손가락을 움직이기 때문에 소근육 발달에도 도움이 되어요.

❸ 처음부터 마지막까지 함께해요!

처음에는 부모님과 함께 생각해 보고 마지막에는 중요한 내용을 한 번 더 정리해 보아요.

차례

1부 _ 집에서 배워요

먹어요 - 식습관의 중요성 배우기 · · · · · · · · · · · · · · · **013**

씻어요 - 청결의 중요성 배우기 · · · · · · · · · · · · · · · · · **023**

입어요 - 옷차림의 중요성 배우기 · · · · · · · · · · · · · · · **035**

정리해요 - 정리정돈의 중요성 배우기 · · · · · · · · · · · **045**

잘자요 - 잠의 중요성 배우기 · · · · · · · · · · · · · · · · · · · **055**

2부 _ 밖에서 배워요

보호해요 - 환경 보호의 중요성 배우기 · · · · · · · · · · **067**

말해요 - 표현의 중요성 배우기 · · · · · · · · · · · · · · · · · **079**

지켜요 - 공중도덕의 중요성 배우기 · · · · · · · · · · · · · **089**

조심해요 - 미아 방지 교육의 중요성 배우기 · · · · · **099**

떠나요 - 교통안전의 중요성 배우기 · · · · · · · · · · · · · **109**

1부 집에서 배워요

01
먹어요

부모님과 함께 미리 생각해 보아요!

- 음식을 골고루 먹어야 하는 이유는 무엇일까요?

- 음식을 골고루 먹지 않으면 우리 몸에서는 어떤 일이 일어날까요?

- 음식을 먹다가 부모님께 혼난 적이 있나요? 있다면 어떤 이유로 혼이 났나요?

- 꼭 지켜야 할 식사 예절은 어떤 것들이 있을까요?

오늘의 요리사는 바로 아빠!
부엌에선 지글지글, 보글보글 맛있는 냄새가 솔솔~

나도 부모님을 도와 수저를 놓으니
어느새 맛있는 저녁 한 상 완성!

궁금해요!
음식을 올바르게 먹는 방법은 무엇일까요?

❶ 고기만 먹어요.

❷ 고기와 채소, 밥 모두 골고루 먹어요.

❸ 채소만 먹어요.

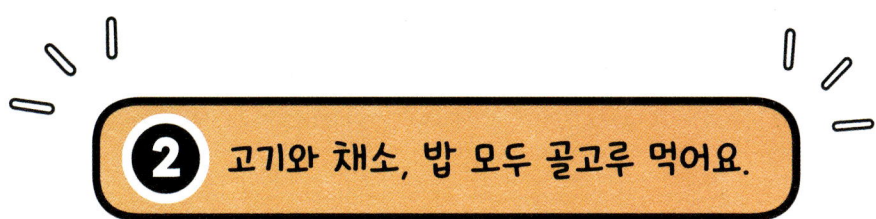

② 고기와 채소, 밥 모두 골고루 먹어요.

편식하면 안 된다는 말 들어봤지?

음식을 골고루 먹어야 몸이 튼튼하고 건강해질 수 있어.

골고루 먹으면 키가 쑥쑥 자라고 뼈는 튼튼해져.

우리 몸에서는 힘이 불끈불끈 나게 되지.

그리고 병에 잘 걸리지 않아.

비어 있는 접시에 음식 스티커를 붙여줘!
서윤이가 음식을 골고루 먹을 수 있도록 도와주자.

서윤이가 먹은 음식이 잘 소화되도록 열심히 일해야지!

키가 쑥쑥 크고 뼈를 튼튼하게 만들어 줄게.

멸치

상추

고기

김치

감기야 물렀거라! 병을 이기게 해 줄게.

몸속에 탄탄한 근육을 만들어 볼까?

호랑이 기운처럼 불끈불끈! 힘이 나게 해 줄게.

16

궁금해요!
음식을 먹을 때는 어떻게 먹어야 할까요?

① 한입에 꿀꺽 삼켜요.

② 천천히 꼭꼭 씹어 먹어요.

❷ 천천히 꼭꼭 씹어 먹어요.

음식을 빨리 먹으면
소화가 잘 안 되고 배가 아프기도 해.
그래서 음식은 꼭꼭 씹어 먹어야 하지.

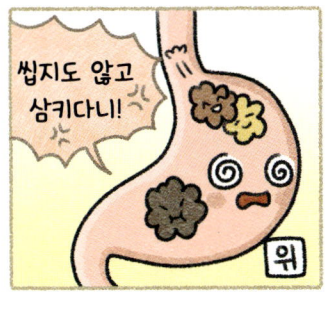

꼭꼭 씹어 먹지 않으면 어떻게 돼요?

꼭꼭 씹어 먹지 않으면 음식 속 영양분을
잘 흡수할 수 없어서 건강이 나빠질 수 있어.

음식을 삼키기 전에는 20번 이상 씹어서 먹어 보자.
음식을 꼭꼭 씹어서 몸속으로 보내면,
음식들이 우리 몸을 위해 열심히 일해줄 거야!

음식을 올바르게 먹는 방법을 알아볼까요?

① 음식은 뭐든지 골고루 먹어요.

② 음식을 먹고 잘 소화할 수 있도록 꼭꼭 씹어서 삼켜요.

③ 돌아다니지 않고 자리에 앉아 음식을 먹어요.

④ 정해진 시간에 규칙적으로 식사해요.

02
씻어요

부모님과 함께 미리 생각해 보아요!

- 온몸을 깨끗하게 씻어야 하는 이유는 무엇일까요?

- 오늘 몸 어디를 씻었나요? 세 군데 이상 말해 보세요.

- 즐겁게 목욕했던 적이 있나요?
  있다면 즐거웠던 이유를 말해 보세요.

- 온몸을 깨끗하게 씻을 때 주의해야 할 점은 무엇일까요?

나는 오늘도 친구들과 재미있게 놀고 집으로 왔어.

어, 그런데 식탁 위에 있는 저건...
내가 제일 좋아하는 토스트잖아!

헤...

도윤이 왔니?

앗! 엄마!

그런데 잠깐!

궁금해요!
집에 오면 가장 먼저 해야 할 일은 무엇일까요?

① 손을 깨끗이 씻어요.

② 배고프니까 간식을 먹어요.

③ 텔레비전을 보아요.

흠... 먼저 무엇을 해야 할까?

우리는 건강 지킴이! 물과 비누야.

짠~

집에 오면 손을 씻어야 하는 이유를 알려줄게.

손에 나쁜 균이 있는 걸 알고 있니?

잘 보이지 않지만 손에는 나쁜 균들이 있어.
그래서 손을 깨끗하게 씻지 않으면
나쁜 균들이 몸속에 들어와 우리를 아프게 해.

하지만 깨끗하게 손을 씻으면
손에 있는 나쁜 균을 없앨 수 있어.

그럼 우리 함께 손을 씻어 볼까?

나쁜 균 물렀거라!

궁금해요!
밥을 다 먹은 후에는 무엇을 해야 할까요?

1. 손을 씻어요.
2. 이를 깨끗이 닦아요.
3. 텔레비전을 보아요.

"손 씻기만큼 중요한 게 또 있단다."

❷ 이를 깨끗이 닦아요.

음식을 먹고 나면
이에 작은 음식 찌꺼기들이 남아.

그러면 입 안에 있는 충치균이
이 사이에 있는 음식 찌꺼기를 먹고 이를 썩게 한단다.
이것을 충치라고 하지.

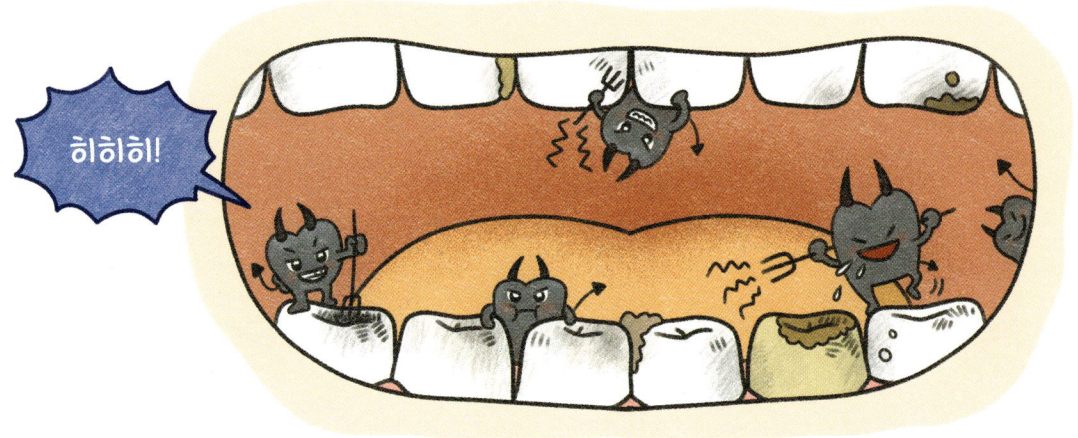

충치가 심해지면 아주 아프니까, 치과에 가서 빨리 치료를 받아야 해.
그러니까 평소에 잘 관리해야겠지?

앞으로는 음식을 먹으면 충치가 생기지 않도록
이를 깨끗하게 닦아야 한다는 것을 잊지 말렴!

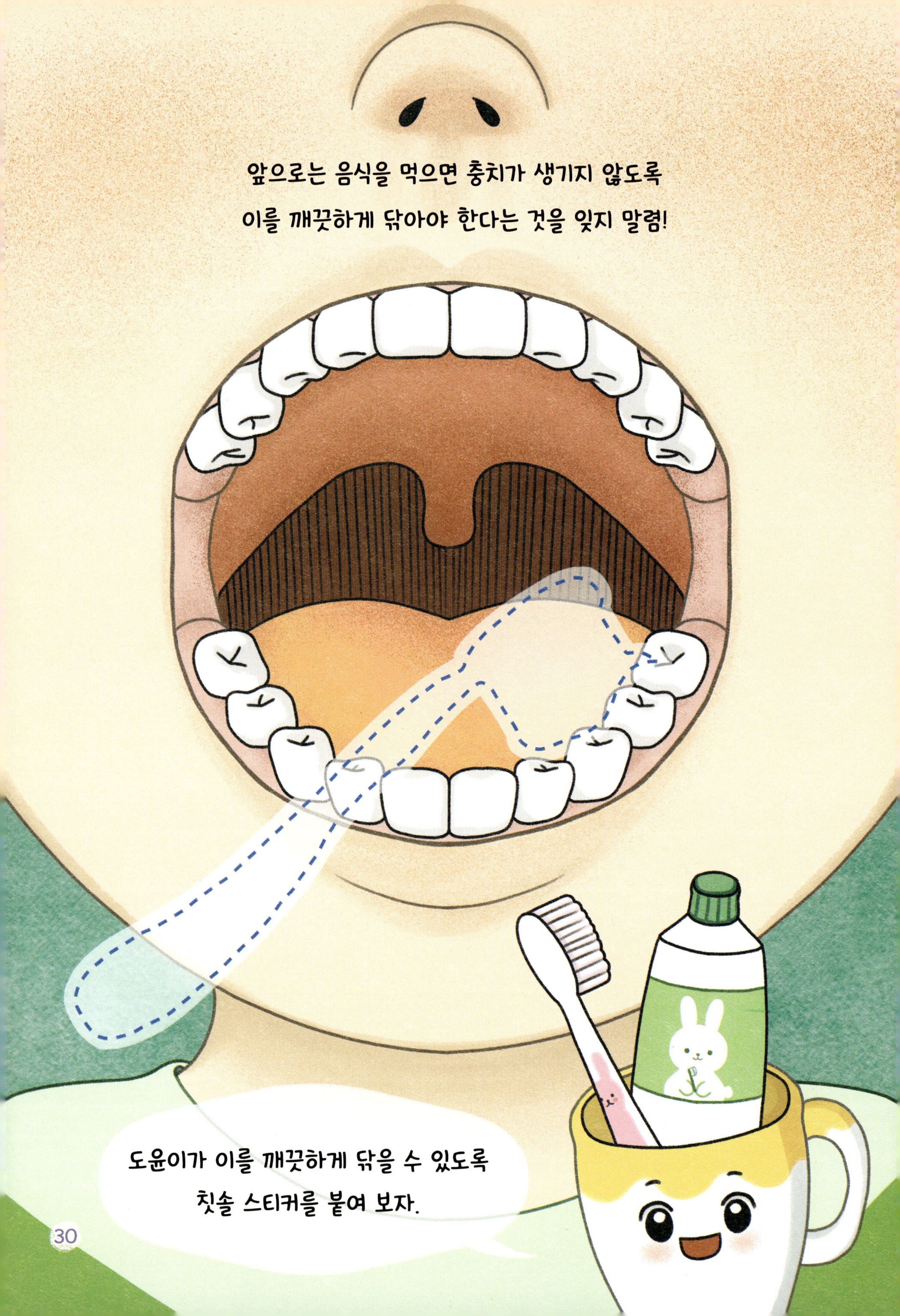

도윤이가 이를 깨끗하게 닦을 수 있도록
칫솔 스티커를 붙여 보자.

올바른 손 씻기 방법을 알아볼까요?

① 손을 깨끗이 씻으면 손에 있는 세균과 바이러스를 없앨 수 있어요.

② 비누 거품을 내어 손가락, 손등, 손톱 등 구석구석 문질러요.

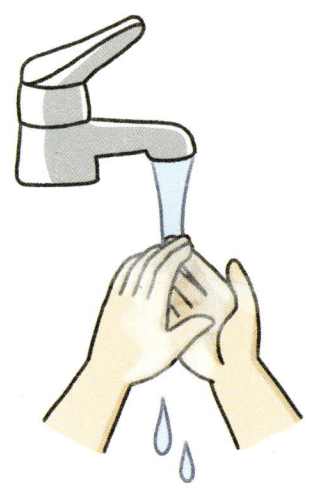

③ 모든 비누 거품이 사라질 때까지 흐르는 물에 깨끗하게 헹궈요.

④ 수건이나 종이 타월로 손의 물기를 닦아요. 수도꼭지는 물이 새지 않도록 꼭 잠가요.

올바른 이 닦기 방법을 알아볼까요?

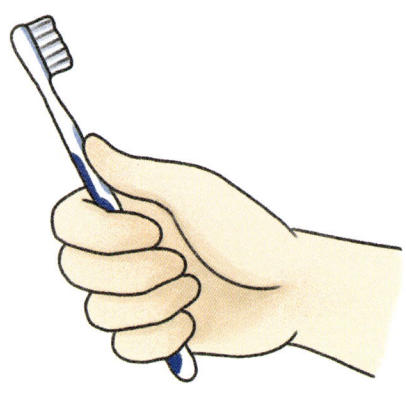

① 엄지손가락을 칫솔 머리 아래쪽에 대고 네 손가락으로 가볍게 쥐어요.

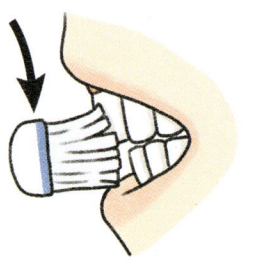

② 윗니는 위에서 아래로 닦고, 아랫니는 아래에서 위로 닦아요.

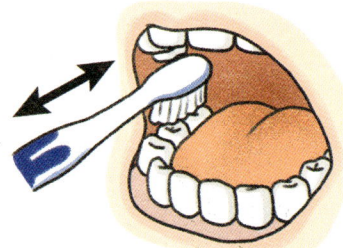

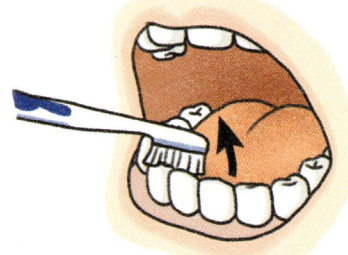

③ 이의 씹는 쪽, 바깥쪽과 안쪽을 구석구석 닦고 혀도 닦아요.

④ 양치 후에는 입 안을 물로 헹궈요. 칫솔도 씻은 뒤 제자리에 두어요.

03
입어요

부모님과 함께 미리 생각해 보아요!

- 가장 좋아하는 옷은 어떤 옷인가요?
  그 옷을 가장 좋아하는 이유를 말해 보세요.

- 가장 좋아하는 그 옷이 더러워졌다고 상상해 보세요.
  옷을 깨끗하게 만들 방법은 없을까요?

- 깨끗한 옷을 입어야 하는 이유는 무엇일까요?

- 옷을 깔끔하게 관리할 수 있는 방법은 어떤 것들이 있을까요?

궁금해요!
밖으로 나갈 때 어떤 옷을 입어야 할까요?

❶ 어제 입어서 지저분하지만 제일 좋아하는 옷을 입어요.

❷ 잘 세탁한 옷을 입어요.

❷ 잘 세탁한 옷을 입어요.

아무리 좋아하는 옷이라도 더러워진 옷을 계속 입으면 안 돼!

보기에도 좋지 않고, 나쁜 균이 우리 몸을 아프게 할 수 있어.

특히 속옷은 매일매일 갈아입어야 해.

속옷은 다른 사람이 옷 보는데 왜 매일 갈아입어야 해요?

속옷은 우리 몸에 가장 가까이 닿는 옷이라 쉽게 더러워지고 냄새가 나게 돼. 그러니 자주 갈아입어야겠지?

궁금해요!
옷을 입을 때 잘못된 행동은 무엇일까요?

❶ 몸에 잘 맞는 옷을 입어요.

❷ 계절과 날씨에 맞는 옷을 입어요.

❸ 속옷이 겉으로 보이게 입어요.

③ 속옷이 겉으로 보이게 입어요. ❌

속옷이 보이면 다른 사람들이
불편해 할 수 있으니 피하는 게 좋아.

속옷은 나를 지켜 주는 소중한 옷이야.　　날씨가 더울 때는 얇은 옷을 입고,
함부로 다른 사람에게 보여주면 안 돼.　　추울 때는 두꺼운 옷이나 여러 벌의 옷을 입자.
　　　　　　　　　　　　　　　　　　　　계절과 날씨에 맞는 옷을 입는 게 중요해.

옷이 너무 작거나 크면 움직이기 불편해서 다칠 수 있단다.
그래서 편안한 옷을 입는 게 중요해.

지금부터 옷 스티커를 붙여보자.
날씨에 어울리는 옷을 입을 수 있도록 친구들을 도와줄래?

옷은 속옷부터 먼저 입고, 겉옷은 맨 나중에 입자.
날씨가 더울 때는 짧거나 얇은 옷,
날씨가 추울 때는 길고 두꺼운 옷을 입어야 해.

옷을 올바르게 입는 법을 알아볼까요?

① 깨끗한 옷을 입어요.

② 매일매일 속옷을 갈아입어요.

③ 내 몸에 잘 맞는 옷을 입어요.

④ 날씨에 맞는 옷을 입어요.

04 정리해요

부모님과 함께 미리 생각해 보아요!

- 정리정돈을 잘해야 하는 이유는 무엇일까요?

- 정리정돈을 제대로 하지 않으면 어떤 일이 일어날까요?

- 그동안 어떤 정리를 해 보았나요?
  세 가지 이상 말해 보세요.

- 정리하고 나면 어떤 느낌이 드나요?
  만약 정리하는 것이 힘들었다면 정리를 즐겁게 하는 방법은 없을까요?

헤헤, 배고픈데 과자를 먹으면서 한번 해 볼...

악!

으악!

궁금해요!
나의 소중한 물건은 어떻게 두어야 할까요?

❶ 잘 정리해서 제자리에 두어요.

❷ 아무렇게나 두어도 괜찮아요.

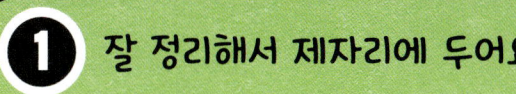 **잘 정리해서 제자리에 두어요.**

물건을 아무 데나 두면 어디에 있는지 찾기 힘들어!

방금처럼 나를 옷 보고 밟을 수도 있겠지?

신발장의 빈 곳에 신발 스티커를 가지런히 붙여줘!

신발은 신발장에 가지런히 놓아 보자.

오늘 신고 다닌 양말 스티커를 빨래 바구니 안에 붙여보자!

겉옷은 옷걸이에 걸고

더러운 옷이나 양말은 빨래 바구니에 넣어보자.

장난감은 필요한 만큼만 꺼내서 놀자.
다 놀고 나면 제자리에 정리하기!

블록 스티커를 장난감 상자 안에 붙이자.

그럼 지금부터 한번 연습해 볼까?

궁금해요!
바닥에 있는 쓰레기는 어떻게 해야 할까요?

❶ 바닥에 그냥 두어요.

❷ 이불 속에 숨겨 놓아요.

❸ 쓰레기통에 버려요.

❸ 쓰레기통에 버려요.

> 바닥에 쓰레기를 그대로 두면 먼지가 쌓이고 넘어질 수 있어. 건강과 안전을 위해서라도 쓰레기를 꼭 정리해야 해.

> 쓰레기는 줍거나 한데 모아 빗자루로 쓸어서 쓰레기통에 버려 볼까?

> 알겠어요. 제 방을 한번 스스로 깨끗하게 치워 볼게요!

정리하는 법을 알아볼까요?

① 신발장에 신발을 가지런히 놓아요.

② 겉옷은 옷걸이에 걸고, 입은 옷은 빨래 바구니에 넣어요.

③ 장난감은 필요한 만큼만 꺼내서 놀고, 다 놀고 나면 제자리에 정리해요.

④ 쓰레기는 쓰레기통에 버려요.

05
잘자요

부모님과 함께 미리 생각해 보아요!

- 잠을 잘 자야 하는 이유는 무엇일까요?

- 잠을 잘 자지 못하면 어떤 일이 일어날까요?

- 어제 몇 시에 잠들었나요?
  평소에는 몇 시에 자고, 몇 시에 일어나나요?

- 잠을 잘 자기 위해서는 무엇을 해야 할까요?
  세 가지 이상 말해 보세요.

오늘 하루 학교에서 공부를 열심히 하고,
아빠가 해 준 맛있는 저녁을 먹은 뒤 이도 닦았다.

얼마 전 부모님이 사 주신
재미있는 만화책을 읽어 볼까?

궁금해요!
늦은 밤이 되면 해야 할 일은 무엇일까요?

❶ 만화책을 끝까지 봐요.

❷ 오늘 공부한 내용을 복습해요.

❸ 바른 자세로 잠을 자요.

③ 바른 자세로 잠을 자요.

밤이 되었어.
책 읽기, 공부는 끝내고
이제 꿈나라에 갈 시간이야.

안녕!
난 잠의 요정
코코야.

나는 젤리곰 쑥쑥이~

잠의 요정 코코와 젤리곰 쑥쑥이를 붙여 보아요.

사람은 왜 잠을 자는 걸까?

잠을 자지 못하면 해롱해롱~ 해본 적 다들 있지?
잠을 충분히 자야 우리의 지친 몸과 마음이 다시 힘을 낼 수 있단다.

여기서 잠깐!

궁금해요!
어떤 자세로 잠을 자야 할까요?

❶ 똑바로 누워 자는 자세

❷ 옆으로 누워 자는 자세

❸ 엎드려 자는 자세

음... 우리 같이 알아맞혀 볼까?

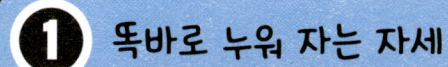

잠을 잘 자는 방법을 알아볼까요?

① 일정한 시간에 잠을 자고 일어나요.

② 낮에 충분히 햇빛을 쬐거나 운동해요.

③ 잠자기 3시간 전에는 식사를 마무리해요.

④ 잠을 자기 전 따뜻한 물로 씻으면 몸이 편안해져서 잠이 잘 와요.

06
보호해요

부모님과 함께 미리 생각해 보아요!

- 날이 갈수록 환경 문제가 심각해지고 있어요.
  어떤 환경 문제가 있는지 세 가지 이상 말해 보세요.

- 환경 문제가 점점 더 심해지면 어떤 일들이 나타날까요?

- 환경 보호를 해야 하는 이유는 무엇일까요?

- 환경 보호를 실천하는 방법은 어떤 것들이 있을까요?
  세 가지 이상 말해 보세요.

공장에서 물건을 만들 때 나오는 매연은 공기를 오염시켜.

사람들이 버린 쓰레기들은 지구의 땅과 물을 오염시키지.

또, 많은 동물들도 쓰레기 때문에 힘들어하고 있어.

"이럴 수가... 전 지구를 지키는 영웅이 되고 싶었는데요?"

"생활 속에서도 지구를 지키는 영웅이 되는 방법이 있지!"

궁금해요!
생활 속에서 지구를 지키는 방법은 무엇일까요?

❶ 사고 싶은 물건은 모두 사요.

❷ 싫증나는 물건은 모두 버려요.

❸ 내게 꼭 필요한 물건만 사요.

③ 내게 꼭 필요한 물건만 사요.

정답은 3번이에요!

정답!

환경을 보호하기 위해서 꼭 필요한 습관이란다. 불필요한 소비는 환경 파괴로 이어지지.

도윤이는 아나바다 운동이 뭔지 아니?

아나바다요? 무슨 바다인가요?

아나바다 운동이란,

아껴 쓰고

나눠 쓰고

바꿔 쓰고

다시 쓰자!

라는 지구를 위한 운동이야!

궁금해요!
지구를 지키는 또 다른 방법은 어떤 것일까요?

❶ 쓰레기를 분리배출해요.

❷ 전기를 절약해요.

❸ 나무를 심어요.

정말 잘했어!
마지막으로 분리배출을 직접 연습해 볼 거야.
여러 가지 쓰레기 스티커를 바른 위치로 분류해서 붙여 볼까?

병&캔류

종이류

비닐류

플라스틱류

환경 보호를 실천하는 방법을 알아볼까요?

① 꼭 필요한 물건만 사요.

② 물건을 아껴 쓰고, 나눠 쓰고, 바꿔 쓰고, 다시 써요.

③ 분리배출을 잘 해요.

④ 전기를 쓰지 않을 때는 전원을 끄거나 플러그를 뽑아요.

07
말해요

부모님과 함께 미리 생각해 보아요!

- 평소에 가족이나 친구에게 어떤 말을 자주 하나요?

- 가족이나 친구에게 말실수를 해본 적이 있나요? 만약 그렇다면, 가족이나 친구에게 사과했나요?

- '말 한마디로 천 냥 빚을 갚는다.' 라는 속담처럼 말 한 마디로 칭찬받았던 적이 있나요?

- 어른에게 존댓말을 쓰는 이유를 알고 있나요?

벌써 아침이네.
어제 책을 읽다 잠들었는데...
다음 내용이 어떻게 될까?

안녕하세요!

서윤아 안녕?
버스 왔어! 같이 타자.

...

즐거운 하루 보내렴.

감사합니다!

서윤아~
오늘 무슨 일 있어?

고맙습니다.

...

❷ 괜찮니? 미안해.

어렵지 않았지?

친구가 나 때문에 몸이나 마음이 아플 때는 미안하다고 말해야 해.

친구들과 다르게 어른들에게는 높임말을 써야 하는 것도 알지?

지금부터 다양한 상황 속에서 어떤 말을 하면 좋을지 함께 생각해 보자!

째깍째깍, 시간을 되돌렸어!
잘 읽고 어떤 말을 하면 좋을지 이야기 스티커를 붙여보자.

선생님을 만났을 때

버스에서 친구를 만났을 때

버스에서 내리며 기사님께

친구가 장난감을 양보할 때

내가 던진 공에 친구가 맞아 아파할 때

선생님과 실수로 부딪쳤을 때

괜찮아?
공을 세게 던져서 미안해.

이제 괜찮아!
이따 수업 끝나고
친구들이랑 공놀이 더 할래?

수업 시간

이번 시간에는 봄에 피는
꽃에 대해 알아볼게요.

벚꽃!
선생님, 저 작년에
가족이랑 벚꽃을 봤어요.

자, 여기에...

궁금해요!
다른 사람과 이야기를 할 때 지켜야 할 것은 무엇일까요?

❶ 상대방의 말을 끝까지 듣고 이야기해요.

❷ 내가 하고 싶은 이야기만 해요.

① 상대방의 말을 끝까지 듣고 이야기해요.

다른 사람이 말할 때는 끝까지 잘 들어야 해. 내가 말할 때, 누가 내 말을 무시하고 끊으면 마음이 아프겠지?

선생님과 공부할 때 말을 하고 싶으면, 손을 들고 이야기할 수 있도록 하자.

수업 시간에 친구가 발표할 때도 잘 들어줄 수 있지?

알려줘서 고마워. 배운 대로 말하면 친구들과 함께 사이좋게 잘 지낼 수 있을 것 같아!

올바른 태도로 이야기하는 법을 알아볼까요?

① 상황에 따라 필요한 말을 해요.
(안녕 / 고마워 / 미안해 등)

② 어른에게는 높임말(존댓말)을 써요.

③ 상대방의 이야기를 귀 기울여 들어요.

④ 수업 시간에 발표할 때는 손을 들고 선생님이 내 이름을 부르면 말해요.

08
지켜요

부모님과 함께 미리 생각해 보아요!

- 어떤 장소들을 공공장소라고 부를까요?
  공공장소에서는 어떻게 행동해야 하는지 알고 있나요?

- 공공장소에서 잘못된 행동을 한 적이 있나요?
  만약 그렇다면, 어떤 행동을 했나요?

- 공공장소에서 칭찬받을 행동을 한 적이 있나요?
  만약 그렇다면, 어떤 행동을 했나요?

- 공공장소에서 질서를 지키지 않으면 어떤 일이 일어날까요?

오늘은 맛있는 것을 먹는 날!
내가 좋아하는 칼국수 식당에 왔다.

거기 서!

나 잡아 봐라~

아이고!

우다닥

앗!

궁금해요!
음식점에서는 어떻게 행동해야 할까요?

① 배고프다고 소리를 질러요.

② 뛰면서 신나게 장난을 쳐요.

③ 조용히 앉아서 음식을 기다려요.

❸ 조용히 앉아서 음식을 기다려요.

음식점은 많은 사람들이 모이는 공간이야. 시끄럽게 떠들거나 뛰어다니면 안 돼.

다른 사람들이 조용히 식사를 할 수가 없단다.

특히 뛰어다니다 다른 사람과 부딪치면 나뿐만 아니라 다른 사람도 다칠 수 있으니 주의해야 해!

공중도덕

이렇게 많은 사람이 이용하는 곳에서 지켜야 하는 것을 공중도덕이라고 하지.

궁금해요!
화장실은 어떻게 써야 할까요?

❶ 내 손만 깨끗하게 씻으면 돼요.

❷ 화장실을 깨끗하게 사용해요.

❷ 화장실을 깨끗하게 사용해요.

안녕~ 오늘은 올바른 화장실 사용법을 알려줄게.

화장실은 누구나 쓰는 공간이야.
언제나 깨끗하게 써야 해.

화장실은 쓴 사람의 모습을 보여주는 거울!
안 좋은 모습을 보이면 안 되겠지?

화장실을 깨끗이 쓰면서
배려하는 마음도
자연스럽게 배울 수 있어.

화장실을 깨끗하게 쓰려면 어떻게 해야 할까?
어울리는 곳에 스티커를 붙여보자!

다 쓴 휴지는 휴지통이나 변기 안에 버려요.

변기 뚜껑을 덮고 물을 내리면 좋아!

일을 본 뒤에는 손으로 변기 레버를 꼭 눌러서 물을 내려요.

꾹~

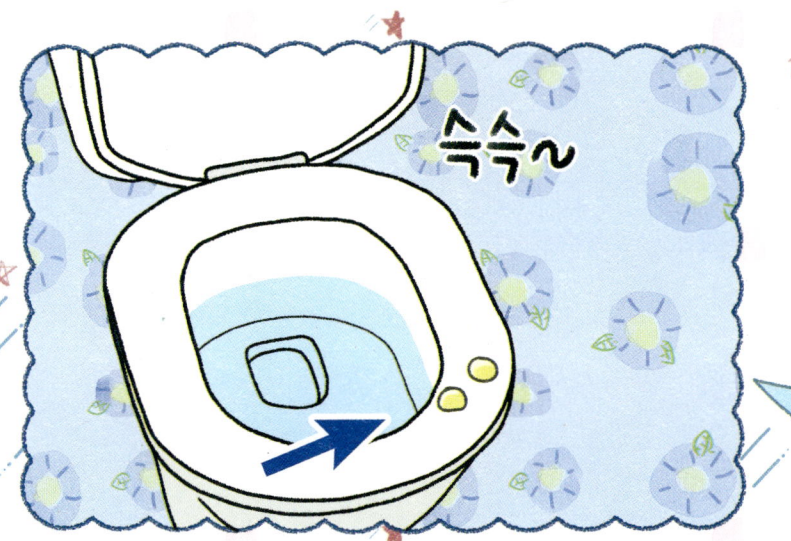

쓱쓱~

실수로 변기를 더러워지게 했다면 휴지로 잘 닦아요.

이제 우리도 스스로 잘 할 수 있어!

공중도덕 지키는 법을 알아볼까요?

① 사람이 많은 곳에서는 뛰지 않고 걸어다녀요.

② 큰 소리로 떠들지 않아요.

③ 내가 사용한 공간은 깨끗하게 정리해요.

09
조심해요

부모님과 함께 미리 생각해 보아요!

- 길을 잃었을 때 어떻게 해야 하는지 알고 있나요? 세 가지 이상 말해 보세요.

- 이름, 집 주소, 부모님 휴대폰 번호를 알고 있나요?

- 낯선 사람을 따라가면 안 되는 이유는 무엇일까요?

- 낯선 사람이 친구에게 따라오라고 말하는 것을 상상해 보세요.
  이런 상황일 때 우리는 어떻게 해야 할까요?

즐거운 토요일!
엄마, 동생과 함께 마트에 왔다.

궁금해요!
길을 잃어버렸을 때는 어떻게 해야 할까요?

❶ 부모님을 찾으러 계속 돌아다녀요.

❷ 가게 직원에게 도움을 요청해요.

❷ 가게 직원에게 도움을 요청해요.

믿을 수 있는 사람에게 말해야 해.

아까 과일 파는 곳이 어디였지?

서윤이가 장난감 코너로 갔을까?

넓은 곳에서 돌아다니면 부모님과 만나기 어려워질 수 있어!

내 이름은 김서윤!

아빠와 엄마의 전화번호는...

잠깐 자리에 멈춰서
내 이름과 가족의 전화번호,
집 주소를 잘 떠올려 보는 거야.

도와주세요!
길을 잃어버렸어요.

그 후에 가게 직원이나
아이가 있는 어른에게
도움을 요청하자!

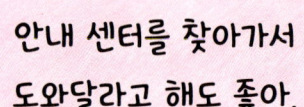

> 궁금해요!
> 모르는 사람이 다른 곳으로 가자고
> 할 때는 어떻게 해야 할까요?

① 과자를 먹으러 따라가요.

② 함부로 따라가지 않아요.

❷ 함부로 따라가지 않아요.

부모님이 모르는 사람을 함부로 따라가는 건 위험하다고 했지!

집에 돌아가야 해서 안 돼요.

맛있는 것을 사 준다거나 엄마, 아빠의 친구라고 말해도
절대 따라가면 안 돼!

혼자보다는 친구나 가족과 함께 다니고,
너무 늦은 시간엔 나가지 말자!

혼자 또는 친구들과 밖으로 나갈 때는
되도록 큰 길로 다녀야 해.

이상한 사람이 다가올 때 나를 지키는 3단계!
스티커를 붙이며 함께 알아볼까?

❶ 표현하기

싫다는 표현을 강하고 분명하게 해요.

❷ 피하기

어린이를 지켜 주는 안전 지킴이 집이나 가까운 편의점, 약국 등으로 피해요.

❸ 도움 요청하기

주변에 도와달라고 큰 소리로 외치거나 긴급전화(112, 1366)를 걸어요.

날 데려가려 하거나 기분 나쁜 행동을 하려는 사람이 있다면 이 3가지 방법을 꼭 기억해!

소중한 나를 지키기 위한 방법을 알아볼까요?

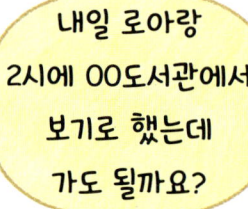

① 부모님께 미리 말씀드리고 허락받은 후에 놀러 나가요.

② 어둡고 좁은 길보다는 밝고 큰 길로 다녀요.

③ 길을 잃으면 믿을 수 있는 어른에게 도움을 요청해요.

④ 위험한 상황에 처하면 주변 사람들에게 큰 소리로 도와 달라고 외쳐요.

10
떠나요

부모님과 함께 미리 생각해 보아요!

- 교통수단에는 어떤 것들이 있을까요?
  세 가지 이상 말해 보세요.

- 교통수단의 특징을 알고 있나요?
  세 가지 이상 말해 보세요.

- 우리 삶에서 교통수단이 중요한 이유를 알고 있나요?
  만약 교통수단이 사라지면 어떤 문제가 일어날까요?

- 교통수단을 이용할 때 주의해야 할 점은 무엇일까요?

오늘은 신나는 주말!

엄마, 아빠와 함께 공원에 가서 자전거를 타기로 했다.

봄바람도 살랑살랑, 외출하기 참 좋은 날이네.

빨리 자전거 타고 싶은데, 언제 도착하지? 흐암... 지루해.

궁금해요!
자동차에 탔을 때 올바른 행동은 무엇일까요?

❶ 시끄럽게 소리지르고 노래를 불러요.

❷ 차 안에서 이리저리 움직여요.

❸ 안전띠를 매고 장난치지 않아요.

❸ 안전띠를 매고 장난치지 않아요.

언제나 안전제일!

자동차에서 안전띠를 매는 건 필수야! 혹시 모를 상황에서 우리를 구해준다고.

운전은 아주 어려운 일이야.
차에서 소리를 지르거나 마구 움직이면
엄마, 아빠가 운전에 집중하실 수 없겠지?

안전하게 운전하실 수 있도록
달리는 차에서는 조용히, 가만히!

궁금해요!
자전거를 탈 때 잘못된 행동은 무엇일까요?

1 자전거를 타기 전 준비운동을 해요.

2 우리의 몸을 지켜 주는 보호장구를 착용하고 타요.

3 무조건 빨리 달리는 게 최고예요.

❸ 무조건 빨리 달리는 게 최고예요.

자전거를 탈 때도 교통 규칙을 지켜야 해!

너무 빨리 달리다간 넘어져 크게 다치거나,
다른 사람과 부딪칠 수도 있어.

우선, 자전거를 타기 전에
준비 운동으로 몸을 풀어 주자.

그리고 몸을 지켜 주는 안전모와 보호대를
꼭 착용해야 해.

자동차를 안전하게 타는 법을 알아볼까요?

① 자리에 앉아서 안전벨트를 매요.
(만 6세 전까지는 꼭 카시트에 타야 해요.)

② 차 안에서 장난치거나 떠들지 않아요.

③ 창문 밖으로 손이나 고개를 내밀지 않아요.

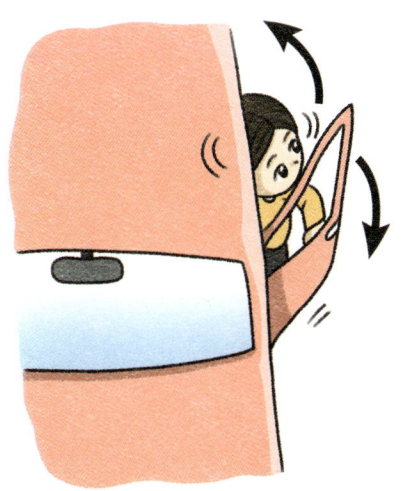

④ 차를 타고 내릴 때는 주변을 살펴요.

자전거를 안전하게 타는 법을 알아볼까요?

① 자전거를 타기 전 간단한 준비운동을 해요.

② 몸을 보호하는 안전모(헬멧)와 보호대를 꼭 착용해요.

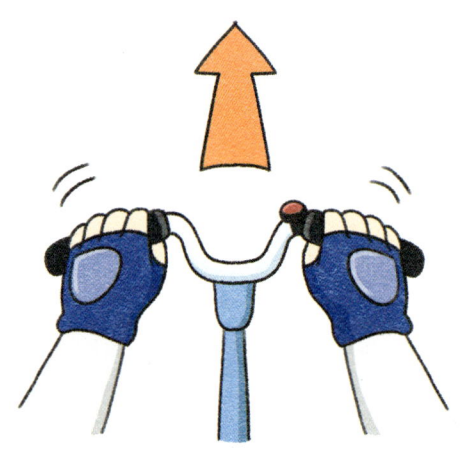

③ 자전거의 손잡이를 두 손으로 잡고, 앞을 보면서 타요.

④ 적당한 속도로 안전하게 타요.

좋은 책을 만드는 길, 독자님과 함께 하겠습니다.

사계절 학교 01 혼자서도 잘할 거야!

초 판 발 행	2024년 05월 10일 (인쇄 2024년 04월 19일)
발 행 인	박영일
책 임 편 집	이해욱
글 · 그 림	조혜령
편 집 진 행	박종옥 · 전혜리
표지디자인	김도연
편집디자인	임아람 · 곽은슬
발 행 처	시대인
공 급 처	(주)시대고시기획
출 판 등 록	제 10-1521호
주 소	서울시 마포구 큰우물로 75 [도화동 538 성지 B/D] 9F
전 화	1600-3600
팩 스	02-701-8823
홈 페 이 지	www.sdedu.co.kr
I S B N	979-11-383-6840-7 (77190)
정 가	14,000원

※ 이 책은 저작권법의 보호를 받는 저작물이므로 동영상 제작 및 무단전재와 배포를 금합니다.
※ 잘못된 책은 구입하신 서점에서 바꾸어 드립니다.
※ '시대인'은 종합교육그룹 '(주)시대고시기획 · 시대교육'의 단행본 브랜드입니다.

먹어요

씻어요

입어요

정리해요

잘자요	보호해요

말해요

지켜요

조심해요

싫어요!
하지 마세요!

도와주세요!

떠나요

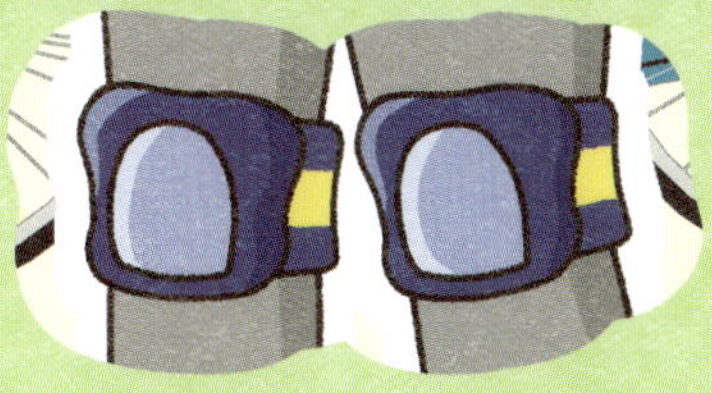